Darcy Mell

Remolino de Cuentos y Rimas

Darcy Mell

Remolino de Cuentos y Rimas

Infantil

JustFiction Edition

Imprint

Cover image: www.ingimage.com

Publisher:
JustFiction! Edition
is a trademark of
International Book Market Service Ltd., member of OmniScriptum Publishing Group
17 Meldrum Street, Beau Bassin 71504, Mauritius

Printed at: see last page
ISBN: 978-613-7-41688-4

REMOLINO DE CUENTOS Y RIMAS

A mis soles
Mauro,
Germán y
Noelí

Prólogo

A través de su "Remolino de cuentos y rimas" Darcy Mell llega a los niños como si los tomase de las manos y con ellos recorriese senderos imaginarios que nos llevan como si les naciesen alas a sorprendentes lugares y situaciones, a la riqueza que acumula la infancia.

Cuentos, poesías y rimas espontáneos participan del juego.

El lenguaje de Darcy Mell resuena en su propia claridad como un canto recién salido a la superficie trémula del alma.

El ratón Popón

Había una vez un ratón llamado Popón que era muy glotón, siempre iba de casa en casa para robarse todo el queso que encontrara.

-¡Eh! Popón... -le dijo otro ratón- ¿no te parece que es hora de trabajar? No puede ser que siempre estés robando queso en las casas.

-¡Trabajar!... ¿dónde se ha visto que un ratón como yo trabaje? No... no puedo trabajar, eso no es para mí. Yo nací para no trabajar nunca, no lo necesito, además así como estoy, estoy muy bien...

-Pero Popón –le dijo su amigo- va a llegar un día que no encuentres más queso... y ¿qué harás?

-Eso no sucederá porque a la gente le gusta mucho el queso y siempre voy a poder robárselo...

-No Popón, eso no está bien...Yo trabajo en una fábrica cortando papel, si quisieras podrías trabajar conmigo, y así podrás comprarte tu propio queso...

-No –dijo otra vez Popón muy enojado- yo no nací para trabajar. No insistas. Te agradezco, pero yo no lo necesito.

-Está bien, pero no te olvides de que si cambiás de opinión yo puedo ayudarte.

-No, no necesito ninguna ayuda, yo solito puedo conseguir todo el queso que quiera...

-¡Hasta mañana!

Los dos ratones se despidieron y cada uno emprendió su camino... Popón fue en busca de queso y su amigo se fue a trabajar.

-¡Qué hambre tengo! –dijo Popón- sé que doña Filomena compró mucho queso esta mañana... ¡qué panzada me voy a dar! ¡qué bueno es comer queso sin tener que trabajar!

Y así, muy sigilosamente, entró en la casa de doña Filomena...

-Parece que aquí hubo una fiesta –se dijo Popón al ver el desorden que había en la casa- ¿dónde estará el queso? No lo puedo encontrar... -buscó por todos lados pero queso no encontró- ¿y ahora qué haré? ¡En esta fiesta se comieron todo el queso!

Corriendo fue a la casa más cercana, ya tenía mucho hambre y se decidió a entrar... pero buscó por todos lados y tampoco encontró ni siquiera una feta de queso.

-Pero ¿qué es esto, cómo puede ser que nadie tenga queso?, tengo que comer o me enfermaré... Ya sé, iré al almacén, ahí seguro que habrá... ¡cómo no se me ocurrió antes; en el almacén hay quesos de todos los sabores y formas... podré elegir los que quiera y saborear los más exquisitos! ¡Qué hambre tengo!

Sin dudarlo más Popón fue al almacén, se metió por una hendija y dijo:

-Yo sabía, qué delicioso aroma a queso, ¡qué rico!, ¿dónde estarán los quesos? Las luces están apagadas, no puedo ver nada.

El aroma de los quesos lo fue guiando hasta el lugar exacto.

-Aquí, aquí están los quesos, comeré hasta reventar... ¡ay, mi patita, qué dolor! ¡Algo me atrapó! –el pobre Popón había caído en la trampa que el almacenero puso y no sabía cómo huir- ¡Uy, cómo me duele! por qué no le habré hecho caso a mi buen amigo, él tenía razón, ahora estoy atrapado en medio de los quesos y no puedo escapar...

-¡Shhhhh! No hagas más ruido o el almacenero nos descubrirá –le dijo su amigo, que lo había seguido hasta el almacén.

Entonces, entre ambos lograron sacar la patita de la trampera.

-¡Gracias amigo, me salvaste la vida... no sé cómo podré pagarte este inmenso favor, ahora me doy cuenta de que sí necesito trabajar!

-Veo que esta lección te sirvió... ¡Ya no robarás queso en ningún lugar!

Fin

¡POR FAVOR!
NOELÍ MARINO

¡Qué viajecito!

En un colectivo enorme viajaban muchas personas, todas ocupadas en quién sabe qué cosas.

En la parada siguiente subió una anciana... y de toda esa gente ninguna se levantaba...

Por suerte para la abuela el colectivero estaba atento y dijo en voz alta: "¡Qué gente mal educada, denle un asiento, por favor, a esta señora mayor... Háganme caso o no sigo... hasta ver sus propias caras arrugadas!".

¿?
NOELÍ MARINO

La aventura de Anita

Había una vez una nena que quería ir a ver a sus amigos, pero como su mamá no la dejaba porque era tarde decidió escaparse por la ventana de su cuarto.

Anita, así se llamaba la niña, dio un gran salto y una vez en la calle comenzó a caminar. Caminó y caminó hasta llegar a una plaza.

-¡Qué hermosa plaza, toda para mí; voy a poder usar todos los juegos sin tener que esperar!

Alegre, fue corriendo hacia las hamacas, se subió a una y a otra hasta que pasó por todas. Después fue a los demás juegos: el tobogán, la calesita, el sube y baja y, entonces, exclamó:

-¿Y ahora qué voy a hacer? Solita no puedo jugar... estar en una plaza sin compañía es muy aburrido. Siempre es más divertido compartir los juegos con otros, como me enseñaron en la escuela.

Por eso decidió seguir su recorrido para visitar a sus amigos, pero... miró para un lado, miró para el otro y no sabía dónde estaba.

-¡Uy, me perdí, no sé cómo ir a la casa de mis amigos y tampoco sé volver a mi casa!

Tanto se asustó Anita que comenzó a llorar, recordando que su mamá le había dicho que los chicos nunca deben salir solos... ¡y menos de noche! Cuando ya estaba a punto de desesperarse, escuchó una voz familiar que la llamaba, era su papá que regresaba del trabajo.

-¿Qué estás haciendo acá, Anita? ¿Dónde está tu mamá?

Anita, aliviada, respondió:

-¡Eh... estoy sola, quería visitar a mis amigos pero me perdí!

Tan rápido como pudo se subió al auto y junto a su papá regresaron a la casa.

-¿Qué hubiese pasado si su papá no la encontraba? Por eso chicos, jamás salgan solos y díganle a sus papás dónde están y con quién....

Fin

Mi perrita Luna Llena

Un día Martita y yo estábamos muy preocupadas porque no sabíamos lo que le ocurría a mi perrita Luna.

-Yo creo que comió mucho y el atracón le dio indigestión, porque hace varios días que apenas come... además porque escuché algo que el veterinario le dijo a mi papá... la pobre Luna está preñada.

-¿Que está qué... preñada? ¿Qué será eso? Pobrecita.

-No sé, pero un día cuando estaba por llevar a Luna a dar una vuelta manzana me di cuenta de que ella se sentía muy rara, no me prestaba atención y seguía buscando algo, iba de un lado a otro sin parar. Me preocupó mucho y fui a buscar a mi papá y él dijo:

-Por lo visto ya llegó la hora.

-¿La hora de qué? –pregunté asustada.

-Nada, nada, vos no te preocupés y decile a mamá que traiga un poco de agua tibia y unas toallas viejas.

Sin decir más, hice lo que papi me pidió y, por supuesto, llamé por teléfono a Martita. Al rato, cuando estaba por abrirle la puerta a mi amiga, me di cuenta de que algo especial pasaba.

-Esperen, entren con cuidado, no la vayan a asustar –nos indicó papá.

Martita y yo no podíamos creer lo que veíamos... Luna estaba recostada, con la mirada más feliz que jamás antes le había visto y ¡rodeada de tres hermosos perritos!

-¡Ah! Qué preciosos –dijo Martita- son tan chiquitos, parecen de juguete.

-Sí pero los cachorros no son juguetes –enfatizó papá.

Y mirándome fijamente a los ojos, dijo:

-Por unos cuántos días tendremos que cuidarlos mucho y además debemos buscarles un hogar...

-Pero –interrumpí- ¿no nos los podemos quedar? ¡Por favor! ¿Si?

-No, yo sabía que me lo pedirías, por eso cuando el veterinario me dijo que Luna estaba preñada...

-¡Preñada! –exclamé- entonces preñada significa que iba a tener perritos.

-Claro, así se dice cuando los animales esperan cría.

-Ja, ja, yo pensaba que estaba enferma... y muy grave, porque cuando el veterinario te dio la noticia vos te agarraste la cabeza con las dos manos...

-Así es porque en nuestro departamento sólo podemos tener a Luna. Los animales necesitan espacio para correr y jugar.

-Sí papi, tenés razón. ¡Les vamos a encontrar un hogar adecuado!

-Yo ya ubiqué a dos, en la casa de un amigo que vive en el campo –confesó orgulloso papá.

-Estupendo, entonces sólo nos queda conseguirle lugar a un cachorrito. Y de eso ahora mismo me voy a encargar.

Júpiter, la tortuga

Había una vez una tortuga -se llamaba Júpiter- que estaba muy sola y triste porque no tenía con quien compartir ni siquiera un poquitito de lechuga o una larga conversación tortugal, ya que no había ninguna otra tortuga con quien charlar... La pobre Júpiter iba y venía sin cesar... caminaba de aquí para allá, pero siempre estaba sola, muy solita con su soledad.

-¿Qué pasa?... escucho a una nena llorar –se dijo Júpiter al oír los lamentos de la pobre niña- ¿Qué te pasa chiquita, por qué llorás?

-Snif, snif..., lloro porque estoy sola y nadie quiere jugar conmigo, todos los chicos dicen que como soy chiquitita soy muy lenta y torpe, que no puedo correr ni saltar...

-Pero linda, yo tampoco puedo correr ni saltar y sin embargo todos los días salgo a buscar...

-¿Qué buscás tortuga? –preguntó la pequeña.

-Un amigo, alguien con quien conversar y por lo visto parece que lo encontré, ¿cómo te llamás?

- Me llamo Tatiana –respondió la niña un poco más tranquila- ¿De verdad querés ser mi amiga aunque yo sea chiquitita y no pueda correr?

-¡Pero por supuesto! –dijo la tortuga- mirame bien, ¿yo soy grande? ¿yo puedo saltar?

-Creo que no, ¡no! –contestó Tatiana

-Pero te gustaría ser mi amiga igual, ¿no?

-Claro que me gustaría que fuésemos amigas...

-Ves –afirmó la tortuga- no hace falta ser alto... ni flaco... ni hermoso para poder tener amigos. Los verdaderos amigos jamás te dicen cómo tenés que ser... Los amigos verdaderos nos quieren como somos.

-¿Aunque no podamos correr ni saltar? –preguntó Tatiana.

-Claro, Tatiana... los amigos siempre nos ayudan y nos quieren de verdad...

-Tenés razón tortuguita, ahora entiendo que los amigos vienen solos y no se van jamás.

Fin

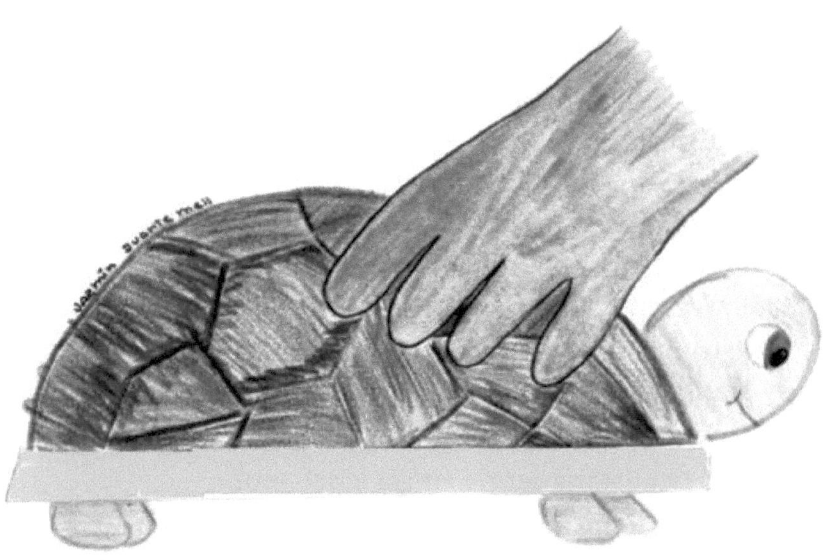

Carrera de números

El Uno es el primero,
segundo viene el Dos,
el Tres está tercero.
¡Qué veo!
Apurado llega el Cuatro,
que es cuarto.
¡Corriendo se acerca el Cinco!,
que es quinto.
¡Qué es esto!
El Seis llegó sexto.
El Siete se arrimó y
séptimo quedó.
Octavo, rodando, llegó el Ocho.
Noveno, saltando, vino el Nueve.
Y más tarde, cansado, el Diez...
y décimo ya es.

Regalo de lluvia

Había una vez, en un barrio que no queda muy lejos de aquí, un grupo de nenes y nenas que estaban jugando con barquitos de papel, porque la lluvia que había caído el día anterior les dejó de regalo ríos enormes para jugar.

En un momento en que los chicos se preparaban para iniciar la competencia con sus barcos escucharon un sonido especial, era algo parecido a un.....CROO...CRUU...CRAA...

-¿Qué será eso?- se preguntaron.

-¡Viene de allá, vamos a ver qué es!

Y caminaron un poco hasta que se encontraron con... un sapito que, del susto de ver a tantos nenes juntos, trataba de esconderse debajo de unas hojas que flotaban en el agua.

-¡Uy... qué feo! –dijo uno de los niños.

-¡Qué horroroso!, jamás vi nada más desagradable –afirmó otro.

El pobre sapito tenía tanto miedo y estaba tan triste por todo lo que oía que comenzó a croar...

-CROOO, CRUUUU, CRAAA.

Entonces una de las niñas, exclamó:

-¡Silencio!, escuchen lo hermoso que canta.

-¿Qué decís? –interrumpió otro de los niños- No sabés que todos los sapos son feos y además les hacen daño a los chicos...¡Vamos a tirarlo lejos de aquí!

-¡No!, eso que decís no es cierto, los sapos no son malos, lo que sucede es que cuando se sienten agredidos, tratan de defenderse y expulsan un líquido que si te toca los ojos te irrita mucho, y así el sapo tiene tiempo para escapar...

-¡Ah!, entonces no lo hacen de malos sino para protegerse.

-¡Claro y además los sapitos son muy útiles porque se comen a los insectos...

Mientras tanto, el sapito seguía con atención la conversación de los chicos y pensaba: "¿Por qué no me habré quedado en mi charco?, yo sabía que no debía salir a caminar solito... ¡Ay...¿qué va a ser de mí?!".

En ese momento otro niño comentó:

-¿Saben una cosa? Ahora que lo veo mejor, me doy cuenta de que no es tan feo... tiene todo el cuerpo verde, unos enormes ojos negros y, además, canta precioso.

El sapito respiró aliviado y se subió a uno de los barquitos de papel que habían hecho los chicos.

Cuando todos lo vieron, exclamaron:

-¡Uh, qué bien! Tal vez nos está tratando de decir que quiere jugar con nosotros...

Ustedes, ¿qué piensan, se quedará el sapito o habrá huido en el barquito de papel?....

Un almuerzo distinto

Estaba en la cocina de mi casa a punto de tomar mi sopa cuando veo que adentro de mi plato algo se mueve...

-Mami, ¿de qué es esta sopa? –pregunté.

-¡Es la que más te gusta, la de siempre... de letras –respondió mi mamá.

-¿Estás segura?, hoy mi sopa parece distinta, algo se está moviendo...

-No puede ser, yo misma la preparé y te aseguro que la hice como todos los días.

(Cuando me dispuse a meter la cuchara en el plato... zápate... fue increíble, pero les aseguro que mi sopa decía claramente: "Hola, ¿qué tal?").

-¡Mi sopa me está hablando, no lo puedo creer! (aunque como era un mediodía aburrido, le contesté)

-Estoy bien... pero ¿estás hablando conmigo?

-Por supuesto –respondió la sopa-, ¿con quién más podría estar hablando? ¿cómo es posible que todos los mediodías compartamos el almuerzo sin decirnos ni siquiera una palabra?

(Las letras bailaban en el plato armando las más increíbles palabras. Yo estaba asombradísima: "Mi sopa me estaba hablando").

-Tenés razón, es muy lindo conversar mientras se almuerza –respondí.

-¡Hijita!, ¿con quién estás hablando? –preguntó mi mamá.

-Con mi sopa...

-¡Con tu sopa!, y qué te está diciendo - dijo mi mamá,

pensando que yo fantaseaba.

(Miré el plato, leí atentamente lo que la sopa me iba diciendo y, riéndome, le contesté)

-Dice que la próxima vez que cociné, mezclés mejor las letras del paquete, porque las más divertidas quedaron en el fondo... y así no se puede hablar de todos los temas... ¿no te parece?

Fin

¡Qué atropello!

De repente, el timbre de casa sonó ansioso, ¡ring, ring, ring!

-¿Quién es? –pregunté ante tan insistente llamado.

-Soy yo, Paula... ¡abrí rápido, es urgente!

-Hola, ¿qué sucede?, ¿por qué estás tan nerviosa?

-¡Tenés que acompañarme, vení apurate... no hay tiempo.

En un segundo estábamos las dos en la calle, yo sin saber hacia dónde íbamos.

-¡Eh! Decime qué pasa, estoy muy intrigada.

-Ya falta poco, tenemos que apurarnos, ya lo sabrás...

Y así fue, no hizo falta que Paula me contara nada... ahí estaba nuestro perrito, nuestro amigo de la plaza, tirado en medio de la calle.

-¡Pompi, pobrecito –exclamé- está herido, tenemos que ayudarlo... ¿qué podemos hacer? –dije llorando.

-Ya sé, llevémoslo al veterinario, vas a ver que él podrá ayudarnos.

-¡No!, no se acerquen niñas... este animal puede morderlas, está herido –dijeron unas personas al ver que intentábamos alzarlo.

-No nos hará daño, es nuestro, además está lastimado y debemos ayudarlo.

-¡Lo atropelló un auto, yo lo vi! –comentó un señor- cruzó con luz roja y huyó...

-¡Qué mala persona, hacerle esto a nuestro Pompi!

-Bueno, bueno, pero aunque sea de ustedes no deben

moverlo –dijo el mismo señor.

En tanto Paula y yo alentábamos a Pompi para que no se sintiera solo.

-¡Pompi... pronto estarás bien! –le susurraba Paula, acariciándolo suavemente.

-Permiso... ¡Déjenme ver al accidentado! –pidió el veterinario presuroso- Ajá... lo que imaginaba –comentó, rascándose la cabeza- ¡Tiene una patita quebrada!

-¿Se pondrá bien? –preguntamos asustadas.

-Eso creo... tengo que enyesarlo inmediatamente.

Entonces esperamos que el veterinario lo atienda y al cabo de un rato le preguntamos:

-¿Y, doctor, cómo está Pompi?

-¡Mucho mejor!, estoy seguro de que ahora aprenderá a cruzar bien las calles...

-Pero doctor... Pompi cruzó bien. ¡Fue el auto el que pasó con la luz roja!

-Por eso –afirmó el veterinario- ahora Pompi aprenderá que además de mirar el semáforo tendrá que fijarse si viene algún auto.

-Sí, seguro, ahora todos vamos a hacer lo mismo, para evitar que un descuidado nos atropelle.

El dado alterado

Yo soy un dado común y corriente, soy chiquito y cuadrado... mi pasión es jugar... ¡Me encanta ganar!

Pero resulta que por estos días algo me anda pasando, los chicos se enojan, gritan: "Trampa".

Yo les aseguro que eso me entristece, porque soy un dado decente. Les confieso que últimamente me siento decaído y triste, ¡por momentos hasta tengo fiebre!

¿Qué será lo que me pasa? Parece que mi cuerpo tiene magia.

Mis fases siempre tuvieron los puntos más bonitos, aunque ahora yo no entiendo, nada está donde debe estar.

Me pica el cuerpito, me duelen mis caras y lo peor de todo es que nadie me entiende.

Soy un dado, hermoso y divertido, esto no tiene sentido. Los niños dicen que algo malo pasa conmigo, porque ¡el uno es el dos... el tres es el cuatro, el cinco es el seis y el seis es el siete...!

¡No se puede jugar!, dicen, ¡qué mal! ¡Este dado está fallado, no sirve más!

¡Uy!, qué tristeza tengo, toda mi vida dedicada al juego y a la diversión ¡y ahora qué triste estoy!

Entonces, una abuela que pasaba dijo: "Este dado tiene varicela, necesita reposo. No lo toquen, guárdenlo en una caja con talco mentolado, para la picazón". Fue un alivio que los chicos me pusieran en una caja para que pudiera descansar y curarme.

Como muchos niños ya habían tenido varicela, se apiadaron de mí y me aconsejaron que no me rasque para que no me queden marcas. Está bien pensé, aunque manos no tengo, me sentí muy aliviado porque en unos pocos días volvería a ser un dado.

Fin

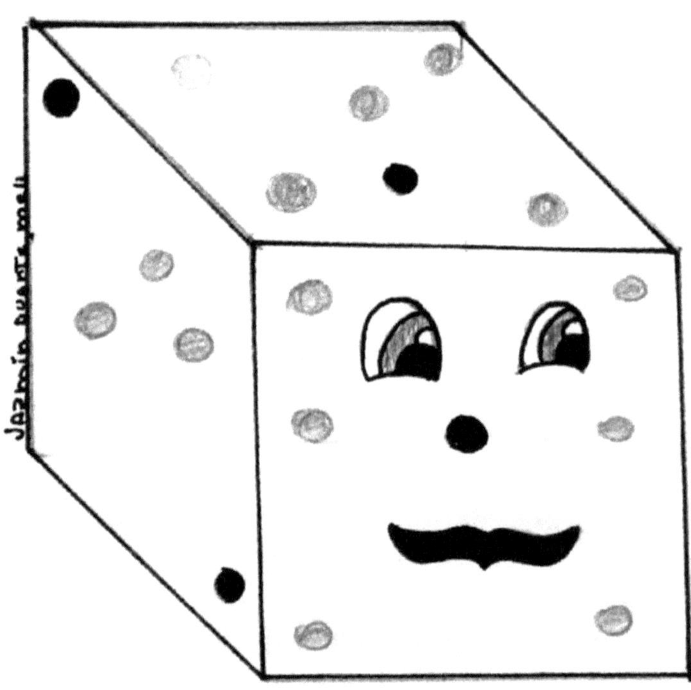

La Luna confianzuda

La Luna, muy confianzuda,
apareció de día...
Llegó vestida de luces y en destellos encendida.
Al verla, el Sol, quedó anonadado.
(No era habitual ver a la Luna en este lado).

Ahora que te conozco, dijo el Sol entusiasmado,
te propongo visitarnos siempre en este punto indicado.

La Luna respondió halagada,
¡Qué lindo que es estar enamorada!

Fin

Anita en la cocina

Había una vez, en una ciudad parecida a la tuya, una mamá y un papá que estaban muy preocupados porque su hijita no quería comer la comida que con tanto esmero le preparaban. Un día cocinaba papá, otro día cocinaba mamá, pero ninguno lograba hacer que Anita terminara su plato. Sus papis probaban de todo... desde el "A ver, abrí la boquita, que viene el avioncito" hasta "Una para vos, otra para mí"... Pero resultaba que de este modo comían más los papis que Anita. ¡Y los papis ya eran grandes, no necesitaban comer más!, en cambio, Anita siempre estaba igual... era chiquitita y paliducha. ¿Pueden creer que sólo comía chocolates y golosinas?

Un día Anita se enfermó, estaba tan pero tan enferma que no podía levantarse de la cama. Entonces sus papás llamaron a un doctor y éste, después de revisarla muy cuidadosamente, dijo:

-Ya sé qué es lo que Anita tiene... mejor dicho, sé lo que Anita no tiene... le faltan vitaminas, minerales, proteínas. Por lo que veo a esta nena le hace falta una buena sopa...

-Sí, ya sabemos doctor –dijeron los papás de Anita- pero ¿cómo hacemos para que la tome? Le hemos preparado los mejores y más ricos platos y ella apenas los prueba.

-Entiendo –comentó el médico tocándose la barbilla- supongo que a esta niña le gustan mucho las golosinas...

-Sí, ¿cómo lo adivinó? Eso es lo único que come.

-No adiviné, lo sé porque conozco a muchos niños que hacen lo mismo que Anita. Les propongo que no le compren más golosinas y después de cada comida le den un delicioso postre.

-¡Qué buena idea!, esta misma noche lo haremos, gracias doctor.

Y dicho y hecho, la mamá de Anita preparó un riquísimo y nutritivo pastel de carne con verduras y, de postre, el flan con dulce de leche más sabroso del mundo. Al principio, Anita no quiso comer, pero como no había comido ninguna golosina, tenía mucho hambre y decidió probar el pastel.

-¡Uy, qué rico que es! ¿Puedo comer un poquito más? –exclamó.

-Por supuesto –asintió la mamá sin creer lo que estaba oyendo.

-Mami, ahora que pruebo este flan, me doy cuenta de que es más rico que todas las golosinas juntas –y sin decir nada más se puso una tras otra las cucharadas en su boca.

Al cabo de quince días Anita estaba curada, sus mejillas lucían rosadas y hasta tenía más ganas y fuerzas para jugar.

Todas las noches al acostarse, después de lavarse los dientes, Anita elegía con sus papis lo que comerían al día siguiente... Y, ¿saben una cosa? Algunas veces Anita cocinaba junto a sus papás los más deliciosos platos que se puedan imaginar... ¿Cuál elegirías vos?...

Mi amiga, la Compu

Mauro es un chico como cualquiera, como vos... Con sus doce años lo que más le gusta es... sí, la computadora.

Por suerte, sus papás pudieron comprársela este año. Así que Mauro ahora está feliz. Todos los días cuando vuelve de colegio va corriendo a encenderla.

-Mauro, vení a comer –le dice su mamá siempre.

-¡Ya voy...! –contesta al rato.

Pero como nunca lo hace, su mamá tiene que llamarlo muchas veces, hasta que se enfurece.

-¡Mauro! Si no venís ahora, no vas a usar más la computadora.

-¡Ufa!, ya voy mamá.

Y sí... así son los niños de ahora. Si fuera por ellos toda su vida giraría en torno de la compu. Pero volvamos a Mauro... porque le sucedió algo muy raro. Un día su mamá, enojadísima por su tardanza, se acercó a la máquina y arrancó los cables de cuajo, porque al igual que muchas mamás, no tiene la menor idea de cómo se apaga correctamente.

Entonces Mauro, al ver que perdía todo lo que estaba preparando en su compu, de la indignación, rompió en llanto. Lloró y lloró en su cuarto, mirando al vacío.

-¿Qué voy a hacer ahora? Todos mis proyectos se perdieron y no me alcanzará el tiempo para terminarlos –exclamó tomándose la cabeza.

Mauro quería competir por un premio especial que había en su escuela, su mamá no lo sabía, ella pensaba que Mauro se la pasaba jugando sin estudiar.

Todos sus esfuerzos habían sido en vano...

Entonces, en ese momento, Mauro entre sollozos escuchó que alguien le hablaba.

-¿Quién sos? –preguntó

-Soy yo, ¿no me reconocés? Soy tu amiga, tu computadora.

-Pero si estás apagada, mamá te desconfiguró y no arrancás... Además no podés hablar –dijo mientras se acercaba sorprendido a su escritorio.

-¿Y qué estoy haciendo entonces? –se oyó.

-¡Debe ser mi imaginación! – aseguró tratando de convencerse.

- Ya sé que pensás que esto no es cierto, pero lo es. Hace mucho tiempo que estamos juntos y sos un amigo fiel, un compañero perfecto. Por eso te diré un secreto: nosotras las computadoras también tenemos corazón, que es como una batería extra inagotable, y, en ocasiones como ésta podemos usarla.

-¡Es un milagro! –exclamó Mauro al ver que todos sus archivos estaban a salvo, ¡gracias amiga! –murmuró contento

-¡Gracias, no! La amistad no se agradece, se retribuye – comentó pausadamente la máquina.

-Es que jamás pensé que esto fuese posible. Estoy muy feliz.

Como se imaginarán, Mauro ganó el premio porque trabajó muy duro con su compu pero además de ese importante logro, aprendió una hermosa lección: ¡Con dedicación y esfuerzo, hasta lo que parece imposible se hace realidad!

NOELI MARINO

¡Qué escape!

En un lugar que no me acuerdo, me contaron que dos hermanitos, Germán y Noelí, se escaparon de su hogar...

Estaban cansados de ir a la escuela y de estudiar, por eso... una noche, mientras sus padres dormían, decidieron huir....

Comenzaron a caminar hacia el Norte...

-¿Estás seguro de que es por ahí? –preguntó Noe a su hermano.

-¡Sí!... no sé... pero debemos seguir.

-¿Y si mejor nos quedamos en casa y nos portamos bien? –dijo Noelí tratando de convencerlo

-¡No! Imposible, en cualquier lugar estaremos mejor, ya vas a ver –aseguró.

Los niños siguieron caminando. En eso Noelí se acordó de un cuento en el que dos hermanos dejaban rastros de pan para poder volver a su casa y dijo:

-¿Qué pasa si nos perdemos para siempre y no vemos nunca más a mamá y a papá?, ¿por qué no nos marcamos el camino con...

-¡¿Con pan?! –interrumpió Germán burlándose.

-No, los pájaros se lo comerían como en el cuento. Pero podemos dejar pistas con piedritas...

-¡Buena idea! –aceptó Germán- aunque ya verás que no tendremos que volver jamás.

Mientras seguían viaje hacia quién sabe dónde, la noche comenzó a mostrarse, oscureciéndose cada vez más. Los niños no podían ver nada; por eso decidieron tomarse de las manos para no separarse.

-¿Germán? –dijo Noelí.

-¿Qué pasa Noe?

-Tengo frío... y escucho ruidos extraños...

-¡No es nada! (contestó Germán), calmate, es que no conocés este lugar, ¿o tenés miedo?

-¿Miedo? –el viento se escuchaba cada vez con más fuerza, y además había comenzado a llover.

-¡Sí, miedo! –dijo Germán con voz más fuerte.

-Es que una vez escuché que...

-(Interrumpiendo) ¡Sí, ya sé, seguro que escuchaste en otro cuento que en las noches frías y lluviosas como ésta, cuando los nenes están solos aparecen las brujas.

-¡Sí!... ¿cómo sabés? –se atrevió a decir Noelí con una vocecita cada vez más débil.

-¡Es que todo lo sacás de los cuentos... y los cuentos son sólo cuentos, mentiras, nada más –aseguró.

-Pero... es que si uno repite la palabra bruja tres veces estando sólo niños, sin adultos, ellas aparecerán para comerlos o quién sabe para qué.

-¡Qué pavadas! Ja, ja, ja, ja, BRUJA, BRUJA, BRUJA... ¿ves que no pasa nada?

Un silencio ensordecedor casi desmaya a Noelí , que del pánico no podía ni pronunciar palabra.

-¡Lo dijiste!, ahora no tendremos escapatoria. Alguna bruja vendrá por nosotros y nos matará...

Los truenos y los relámpagos parecían anunciar esa fatalidad... Las brujas ya estaban en camino.

-¿Dónde nos esconderemos? ¿Por qué no nos habremos quedado en casa? –opinó Noelí.

-Shh shhh shhh, silencio, vos tenías razón, que tonto fui.... Perdoname por haberte traído aquí (se lamentó Germán con sinceridad).

-¡Basta! Pensemos qué podemos hacer para escapar de las brujas –expresó Noelí

-La especialista en cuentos sos vos, yo no puedo razonar con tanto miedo –argumentó Germán.

-Está bien –asintió Noelí-. Las brujas son feas, malas, hacen hechizos, tienen las manos con guantes...

Además (continuó Noelí), las brujas no parecen brujas, porque tienen tantos poderes que pueden engañar a cualquiera.

-Entonces estamos perdidos, porque aquí nadie nos va a ayudar...

En eso una mujer mayor se acercó a los niños y con un tono dulce les preguntó:

-¿Qué hacen dos niñitos "tan pequeños" y "tan lindos" solos en un lugar "tan" feo y "tan" peligroso?

Entonces Germán y Noelí se miraron fijamente y pensaron... ¡Seguro que es una Bruja!

-¿Qué pasa que no hablan, les comió la lengua un ratón? Ja, ja, ja –dijo riéndose sin parar.

Haciéndose el fuerte, Germán se atrevió y preguntó:

-¿Qué hace una mujer "tan" mayor sola en un lugar tan, tan... (no encontraba palabras pero la viejita interrumpió).

-¡Tan embrujado!

-¡Déjenos ir, no le diremos a nadie que aquí vive una bruja!

-(Enojada) ¿Por qué debería tener compasión con dos niños "tan" insolentes como ustedes?

En eso, un pajarraco, parecido a un búho, se le acercó a la mujer y se posó en su hombro.

-¡Por favor, no nos mate, haremos lo que usted nos pida (rogaron aterrorizados).

-En primer lugar los llevaré a mi casa, deben secarse y

comer algo o se enfermarán –dijo.

-Estamos perdidos, ya nos atrapó, ahora nos engordará para comernos o nos convertirá en sapos o....

-¡Basta Noelí Debemos pensar cómo combatir a esta bruja, ¿acaso el bien no es el que siempre vence?

-No sé, esto debe ser una pesadilla.

-¡Apúrense! –ordenó la mujer.

Caminaron los tres unos pasos y llegaron a una cabaña, bastante linda por cierto, no parecía de bruja...

Pero como las brujas engañan, ésta podría ser la casa donde la bruja los encerrará.

-¡Escapemos Noe, huyamos mientras hay tiempo!

-No Germán –respondió- No hay nada que podamos hacer, porque con sus palabras mágicas nos hará lo que quiera... ya nos atrapó, se acabó todo.

En eso, la señora mayor escuchó estos comentarios y dijo indignada:

-¡No lo puedo creer! Mi pájaro se escapó porque le tiene miedo a los truenos y cuando salgo a buscarlo, en medio de esta lluvia y con este frío, los encuentro a ustedes dos, solitos y desamparados, les ofrezco mi casa, mi ayuda, mi comida, mi hospitalidad... y ¿así me pagan?, llamándome Bruja.

-¡Qué alivio! –dijo Germán- Estaba seguro de que era una bruja.

-¡Estamos salvados! –exclamó Noelí feliz- Mañana volveremos con papá y mamá.

-¡Seguro, seguro! -dijo la mujer- y cerró la puerta tan fuerte que no sé qué pasó...

Se escucharon risas y más risas y a los niños nadie más los vio.

Poesía rimada

En la playa, este mes
la espuma blanca
me hace cosquillas en los pies.

Desde la orilla
yo miro a las gaviotas
que muy pillas
se esconden en mi sombrilla.

Los niños y las niñas
construyen mil castillos
con la arena perlada y suave
peinada con sus rastrillos.

Me gusta el agüita templada,
me encanta jugar despeinada.
¡cómo me gustan las vacaciones
y con mi prima escribir canciones!

El sol me calienta la cara
y el agua agitada
me invita a bailar su danza.

GERMÁN MARINO

Mi bicicleta

Luego de muchos intentos, por fin conseguimos que mamá nos lleve a la plaza.

Los días previos fueron de un calor agobiante donde, por supuesto, se cortó la luz y con mi hermana sentimos que el cuerpo se nos deshidrataba.

Confieso que el verano me gusta mucho pero el calor me hace sufrir. Lo bueno es que no hay que despertarse temprano para ir al colegio y podemos jugar con agua en el patio.

Andar en bicicleta es genial porque, aunque haga calor, cuanto más rápido vas el viento se siente con más fuerza en la cara y así podés ser parte de una carrera de motocross o de lo que se te ocurra y, por supuesto que siempre ganás y sos el mejor conductor.

¡Lo que me costó tener esta bicicleta! Tuve que pedir como mil veces a mi papá que me la lleve al bicicletero... pero no tuve suerte, papá siempre volvía del trabajo cansado y me decía "Mañana te la llevo", el mañana de mi papá es igual a su "Voy a dejar de fumar" o al "El lunes empiezo la dieta" de mi mamá, así que tuve que poner manos en el asunto, es decir, mi bici e intentar arreglarla yo mismo...

No me resultó fácil pero con la ayuda de mi hermano mayor fuimos encontrando las partes que nos faltaban del cementerio de bicicletas del fondo de mi casa.

"¡Tantas bicicletas y ninguna está en condiciones!" decía mi mamá, por eso no me compraban otra.

¡Ah! No les dije, mis padres me llaman el Destructor de Bicicletas y la verdad es algo de cierto hay en eso porque me encanta desarmar todo y, a veces, muchas por cierto, no logro armar lo que destartalo. Pero es que en esos momentos me siento un especialista en mecánica y es tan divertido que no lo puedo evitar...

La cuestión es que gracias a mi hermano, al que también tengo cansado con mis pedidos, arreglamos dos bicicletas... Yo las lijé y las pinté de negro con la pintura que sobró de las rejas del portón. La verdad es que no son tan grandes como yo quisiera pero por momentos me siento malabarista de circo... tratando de que mis piernas muevan los pedales.

Mi hermana menor se ganó una bicicleta en una rifa del jardín, así que ahora que por fin estamos en la plaza disfrutamos con otros chicos y formamos una gran fila de bicicletas... y, claro, yo pienso que estoy en un rally como el París-Dakar, subiendo y bajando por las dunas del inmenso desierto.

¡Qué suerte que arreglé mi bicicleta!, me siento tan feliz que no me importa que mi bici sea un gran remiendo, porque al fin de cuentas es mi bicicleta y la hice yo mismo... con un poquito de ayuda...

El Meaburro

Hace un tiempo, por las tardes en casi todas las casas, se escuchaba el tan nombrado Meaburro.

El Meaburro acompañaba a muchos niños y niñas de a ratos y, a veces, de a ratitos. Molestaba mucho, imaginen de a ratotes.

Por eso fue necesario crear el Medesaburro. No fue fácil, tomó mucho tiempo, porque el Meaburro era casi una plaga por los barrios vecinos.

Desaburrirse parecía sencillo, pero el Meaburro era persistentemente fuerte. Había que tomarlo de frente y decirle:

_¡Meaburro, mirá como me Desaburro! Y jugar a la soga, al elástico o leer un buen libro...

Y así fue como el tan nombrado Meaburro desapareció para siempre de la boca de los niños.

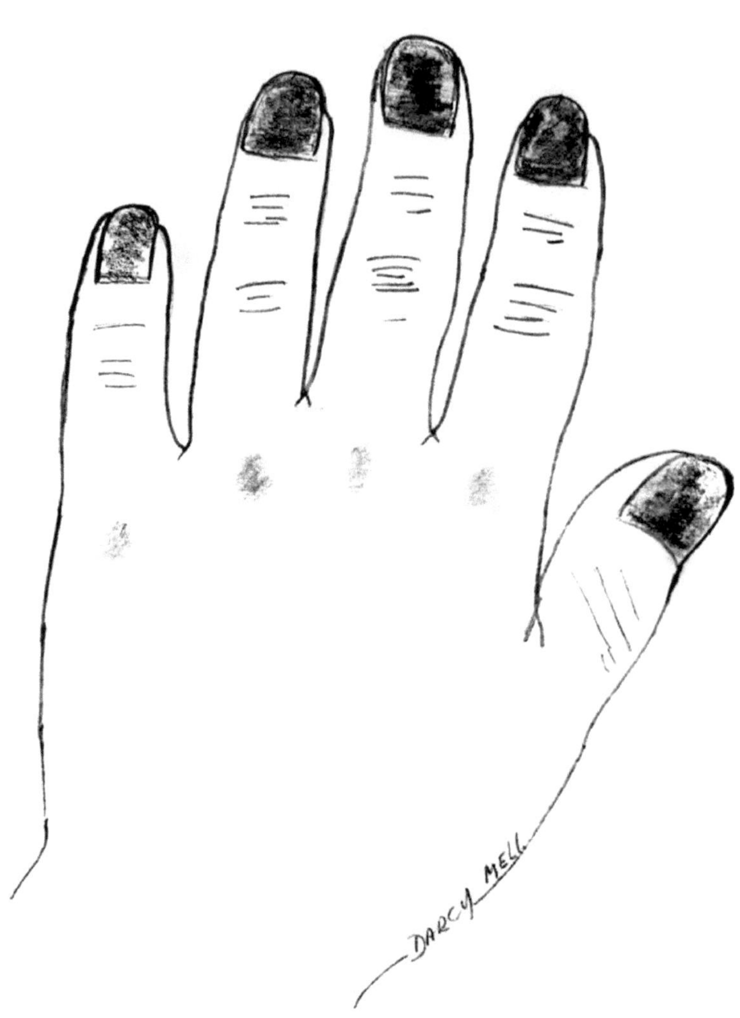
DARCY MELL

Dedos

De los dedos de mi mano
puedo decir muchas cosas:
se doblan, señalan y agarran
pero lo más lindo es que rascan.

La noche y sus estrellas

La Luna estaba en lo más alto, era una noche perfecta para salir a mirar las estrellas. Las voces de dos hermanos se escuchaban ansiosas ante semejante belleza:

-Dicen que cuando cae una estrella tenés que pedir un deseo –aseguró Germán.

-Son las estrellas fugaces, pero pasan tan rápido que es muy difícil verlas –acotó Noe.

-No puedo, se me escapan ¡qué bonitas son! Una vez escuché que hay estrellas que acompañan a los chicos para ayudarlos en la vida –recordó Germán.

-¿Cómo ángeles guardianes? –quiso saber Noe.

-No, como estrellas guía, que iluminan el camino. Cuando brillan más fuerte significa que encontraron a la persona indicada.

-¿De verdad creés que todos tenemos nuestra estrella? –susurró Noe ilusionada.

-Sí –continuó Germán- vos tenés tu estrella y yo tengo la mía. Cada uno tiene la suya y es única.

-Entonces ¿qué pasa cuando se caen? ¿nos dejan solos?

-No sé, aún no hallé la mía, pero escuché que mamá decía que cuando una estrella encuentra a la persona elegida, le entra por los ojos y le ilumina la vida.

NOELÍ MARINO

Niña Camila

Camila estaba asombrada, no podía entender por qué sus huellas iban antes que sus pisadas.

Pensaba que eso sería porque estaba cansada...

Como no tenía opción, comenzó a seguir sus pasos, aunque sabía que eso era muy raro...

El camino era muy largo o, tal vez, corto. Sólo sus huellas lo sabían...

Camila caminó y caminó y algo más raro sucedió...

Después de tanto caminar ya no estaba más cansada.

Al final del día el Sol iluminaba como al mediodía, y no pudo ver si sus huellas ahora la seguían...

Aunque eso ya no le importaba...

Fin

DARCY MELL

Mi Plantita

Había una vez en una plaza del barrio donde vivía Popi una plantita que recién comenzaba a crecer, aprovechando cada gotita de lluvia y todos los rayos del sol para ponerse cada día más bonita.

Plantita siempre pensaba que cuando los chicos la vieran querrían jugar con ella un ratito. Pero ellos estaban tan entretenidos que ni siquiera se daban cuenta de que Plantita estaba ahí.

Los días pasaban y ninguno de los nenes la miraba. "¡Qué tristeza! –pensaba Plantita- no tengo a nadie con quien charlar". Hasta que un día en que Popi caminaba por la plaza descubrió que entre los arbustos había una plantita especial, y dijo:

-¡Qué plantita tan rara!, no tiene ninguna flor, ¿será porque está triste?

Y con mucho cariño comenzó a hablarle. Popi sabía que Plantita la entendía aunque no podía contestarle porque ninguna planta puede hablar...

Los demás nenes, al ver que Popi hablaba con la plantita, le decían:

-¡Eh, Popi, las plantas no hablan y no saben hacer nada!...

-Eso no es cierto, esta plantita es mi amiga y nos queremos mucho.

-No ves que además esta plantucha ni siquiera sabe dar flores... ja, ja, ja –se reían burlonamente los niños.

Popi se acercó suavemente a su amiga y le susurró:

-No les hagas caso, ellos no saben que aunque no tengas flores, para mí sos la plantita más hermosa de todas las plantas del mundo y te quiero como sos.

Al día siguiente, apenas el sol salió, Plantita comenzó a transformarse y de cada rama le brotaba una flor... Al llegar la tarde, y frente a la vista de todos los chicos, Plantita seguía dando flores, era una maravilla verla.

Los chicos, asombradísimos, fueron corriendo a buscar a Popi y, cuando regresaron descubrieron con mayor asombro aún que Plantita estaba completamente cargada de flores de todos colores, desde el amarillo hasta el rojo.

Popi al verla le dijo:

-¡Qué bonita que estás hoy!...

Y antes de que Popi pudiera seguir hablando, escuchó una vocecita que le decía:

-¡Popi, sólo vos podrás oírme, todas estas flores son para vos por haber sido tan buena conmigo y por hacerme tan feliz! Quisiera que les obsequies una flor a cada uno de tus amigos...

-Pero ¿por qué? –preguntó Popi- si ninguno de ellos creyó en vos.

-Porque no hay nada más hermoso en el mundo que compartir las cosas buenas con nuestros amigos –respondió Plantita.

-Ahora entiendo y sé que tenés razón.

Entonces, con una sonrisa cómplice, repartió las flores a todos los niños. Y a partir de ese día todos los chicos de la plaza, junto a Popi, comenzaron a cuidar de todas las plantitas con muchísimo amor.

Nunca nadie supo que Plantita podía hablar, pero eso ya no importaba porque habían aprendido que todo es más lindo y mejor si se hace con amor.

Índice

Printed by Books on Demand GmbH, Norderstedt / Germany